essentials

essentials liefern aktuelles Wissen in konzentrierter Form. Die Essenz dessen, worauf es als „State-of-the-Art" in der gegenwärtigen Fachdiskussion oder in der Praxis ankommt. *essentials* informieren schnell, unkompliziert und verständlich

- als Einführung in ein aktuelles Thema aus Ihrem Fachgebiet
- als Einstieg in ein für Sie noch unbekanntes Themenfeld
- als Einblick, um zum Thema mitreden zu können

Die Bücher in elektronischer und gedruckter Form bringen das Fachwissen von Springerautor*innen kompakt zur Darstellung. Sie sind besonders für die Nutzung als eBook auf Tablet-PCs, eBook-Readern und Smartphones geeignet. *essentials* sind Wissensbausteine aus den Wirtschafts-, Sozial- und Geisteswissenschaften, aus Technik und Naturwissenschaften sowie aus Medizin, Psychologie und Gesundheitsberufen. Von renommierten Autor*innen aller Springer-Verlagsmarken.

Weitere Bände in der Reihe   http://www.springer.com/series/13088

Ines-Jacqueline Werkner

Gerechter Frieden

Im Spannungsfeld zwischen ziviler
Konfliktbearbeitung und
rechtserhaltender Gewalt

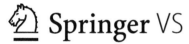

Ines-Jacqueline Werkner
Forschungsstätte der Evangelischen
Studiengemeinschaft e. V. (FEST)
Heidelberg, Deutschland

ISSN 2197-6708 ISSN 2197-6716 (electronic)
essentials
ISBN 978-3-658-34365-1 ISBN 978-3-658-34366-8 (eBook)
https://doi.org/10.1007/978-3-658-34366-8

Die Deutsche Nationalbibliothek verzeichnet diese Publikation in der Deutschen Nationalbibliografie; detaillierte bibliografische Daten sind im Internet über http://dnb.d-nb.de abrufbar.

Planung/Lektorat: Jan Treibel
Springer VS ist ein Imprint der eingetragenen Gesellschaft Springer Fachmedien Wiesbaden GmbH und ist ein Teil von Springer Nature.
Die Anschrift der Gesellschaft ist: Abraham-Lincoln-Str. 46, 65189 Wiesbaden, Germany

Was Sie in diesem *essential* finden können

- Eine Darstellung und Verortung des Konzeptes des gerechten Friedens
- Eine Erörterung des Paradigmas „Frieden durch Recht" als ein Grundpfeiler des gerechten Friedens vor dem Hintergrund des grundlegenden Verhältnisses von Frieden und Recht
- Eine Problematisierung des Instruments der rechtserhaltenden Gewalt im Kontext des Ansatzes „Frieden durch Recht"
- Eine Auseinandersetzung mit der zivilen Konfliktbearbeitung als vorrangiger Aufgabe des gerechten Friedens einschließlich ihrer Aporien und Beschränkungen
- Eine Diskussion der Bedeutung des christlichen Leitbildes des gerechten Friedens als Orientierungswissen in einer pluralen Gesellschaft

Inhaltsverzeichnis

Zur Einführung

1

„Si vis pacem para pacem" (wenn du den Frieden willst, bereite den Frieden vor) – unter dieser Maxime steht das Leitbild des gerechten Friedens. Es steht „für einen fundamentalen Wandel in der ethischen Praxis" und setzt „andere Bewertungsgrundlagen und Handlungskriterien voraus" (ÖRK 2011a, Präambel). Ausgehend von Psalm 85,11 „dass Gerechtigkeit und Friede sich küssen" sowie Jesaja 32,17 „der Gerechtigkeit Frucht wird Friede sein, und der Ertrag der Gerechtigkeit ewige Stille und Sicherheit" (vgl. auch Jak 3,18) werden Frieden und Gerechtigkeit wechselseitig aufeinander bezogen (vgl. ÖRK 2011a, Ziff. 1 und 3). Damit verbunden ist ein Perspektivenwechsel: Nicht mehr der Krieg, sondern der Frieden steht im Fokus des neuen Konzeptes. So umfasst der gerechte Frieden „viel mehr als den Schutz von Menschen vor ungerechtem Einsatz von Gewalt"; er schließt „soziale Gerechtigkeit, Rechtsstaatlichkeit, Achtung der Menschenrechte und Sicherheit für alle Menschen" (ÖRK 2011a, Ziff. 10) mit ein. In der Friedensdenkschrift der Evangelischen Kirche in Deutschland (EKD) werden vier Dimensionen benannt, die einen gerechten Frieden ausmachen: die Vermeidung von und der Schutz vor Gewalt als zentrales Grundelement, die Förderung der Freiheit für ein Leben in Würde, der Abbau von Not durch die Korrektur sozioökonomischer Asymmetrien sowie die Anerkennung kultureller Verschiedenheit für eine konstruktive Konfliktkultur (vgl. EKD 2007, Ziff. 78–84).[1]

Vor dem Hintergrund dieser friedenspolitischen Dimensionen basiert der gerechte Frieden auf drei Grundorientierungen: „(1) dem Vorrang ziviler Konfliktbearbeitung, (2) dem Verständnis einer Friedensordnung als Rechtsordnung sowie

---

[1]Die Denkschrift der EKD hat die in der Friedensforschung entwickelten Dimensionen des Friedens – die ersten drei von Georg Picht (1971, S. 33), ergänzt um eine vierte von Dieter Senghaas (vgl. Senghaas und Senghaas-Knobloch 2017) – explizit in ihr Leitbild vom gerechten Frieden übernommen.

© Der/die Autor(en) 2021
I.-J. Werkner, *Gerechter Frieden*, essentials,
https://doi.org/10.1007/978-3-658-34366-8_1

(3) der Beschränkung militärischer Gewalt zur Rechtsdurchsetzung" (Hoppe und Werkner 2017, S. 349).

Zum ersten und zentralen Grundsatz des neuen friedensethischen Leitbildes heißt es in der Friedensdenkschrift: „Im Rahmen des Konzeptes des gerechten Friedens ist zivile Konfliktbearbeitung eine vorrangige Aufgabe" (EKD 2007, Ziff. 170).[2] Dabei komme der Konfliktvorbeugung und -nachsorge, die zugleich der Prävention neuer Konflikte diene, eine besondere Bedeutung zu. Ferner gelte es, die verschiedenen Aktivitäten – wie beispielsweise die Unterstützung und den Aufbau ziviler Strukturen in Konfliktregionen, die Förderung und den Ausbau demokratischer Strukturen, Maßnahmen zur Deeskalation gewaltförmiger Konflikte oder auch die Förderung von Friedensallianzen – zu vernetzen (vgl. EKD 2007, Ziff. 177).

Zweitens wird Friedensordnung als Rechtsordnung verstanden. Frieden, Recht und Gerechtigkeit bilden die zentralen Begriffe der Friedensdenkschrift. Nach ihr ist der gerechte Frieden „zu seiner Verwirklichung auf das Recht angewiesen" (EKD 2007, Ziff. 85). Perspektivisch liege dem gerechten Frieden eine „kooperativ verfasste Ordnung ohne Weltregierung" (EKD 2007, Ziff. 86) mit einem System kollektiver Sicherheit zugrunde. Damit schreibt die Denkschrift den Vereinten Nationen auf dem Weg zum gerechten Frieden eine prominente Rolle zu, verbunden mit weitergehenden Forderungen nach einer Fortentwicklung völkerrechtlicher Normen.

Drittens erfolgt – ausgehend von der Kriegsächtung und dem grundsätzlichen Gewaltverbot der Vereinten Nationen – eine Beschränkung militärischer Gewalt zur Rechtsdurchsetzung.[3] Dafür steht der Terminus der „rechtserhaltenden Gewalt" (EKD 2007, Abschn. 3.2). Damit verbindet sich die Auffassung, dass militärische Gewaltanwendung ausschließlich dann zulässig sein kann und erfolgen darf, wenn sie dazu dient, Recht zu erhalten beziehungsweise Recht zu setzen. Im Fokus stehen dabei die Menschenwürde und die Menschenrechte. Durch die Anerkennung dieser soll eine „wechselseitige Erwartungssicherheit" ermöglicht werden, „die Konflikte und Interessengegensätze gewaltfrei zu regeln erlaubt" (Meireis 2012a, S. 3).

Mit der Bindung des Friedens an die Herrschaft des Rechts, in der Friedensdenkschrift ausgedrückt in der Formel „Friede durch Recht", ist ein rechtspazifistischer Zugang verbunden. Dieser impliziert zwei Abgrenzungen: Zum einen

---

[2]Bemerkenswert ist, dass in der Friedensdenkschrift der EKD diese „vorrangige Aufgabe" erst relativ spät zur Sprache kommt.

[3]Dies umfasst zwei Komponenten: die Rechtserhaltung wie auch die Rechtssetzung (vgl. u. a. Meireis 2012b, S. 189; Huber 2012, S. 227).

distanziert sich die EKD-Denkschrift vom radikalen Pazifismus. Zum anderen erfolgt eine Absage an die Lehre vom gerechten Krieg, heißt es in der Friedensdenkschrift explizit: „Im Rahmen des Leitbilds vom gerechten Frieden hat die Lehre vom *bellum iustum* keinen Platz mehr" (EKD 2007, Ziff. 102). Davon unberührt sind dagegen die Kriterien der *bellum iustum*-Lehre: Erlaubnisgrund, Autorisierung, richtige Absicht, äußerstes Mittel und Verhältnismäßigkeit der Folgen *(ius ad bellum)* sowie Verhältnismäßigkeit der Mittel und Unterscheidungsprinzip *(ius in bello)*. Diese gelten nach wie vor als zentrale Prüfkriterien militärischer Gewaltanwendung.

Der Versuch, dieses noch junge Konzept auf den Afghanistaneinsatz anzuwenden (vgl. EKD 2013), offenbarte eine Reihe von empirischen wie normativen Fragen, die weiterer Analyse bedurften. Sie standen im Zentrum eines interdisziplinären Konsultationsprozesses an der Forschungsstätte der Evangelischen Studiengemeinschaft in Heidelberg (2016–2020).[4] In Aufnahme dieser Debatten fokussiert der folgende Beitrag auf konzeptinhärente Ambivalenzen und bestehende Dissense. Er nimmt Präzisierungen und Differenzierungen, aber auch Neuausrichtungen vor und zeigt Perspektiven eines Umgangs mit friedensethischen Ambiguitäten auf.

---

[4]Dieser Konsultationsprozess wurde gefördert von der Evangelischen Seelsorge in der Bundeswehr.

Der gerechte Frieden – zur Verortung eines Konzeptes

2

Semantisch grenzt sich der gerechte Frieden in zweifacher Weise ab: zum einen vom gerechten Krieg, zum anderen von einem ungerechten Frieden (vgl. hierzu auch Werkner, 2018, S. 35 ff.). Für die Entstehung des Konzeptes erweist sich die erste Abgrenzung – wie an obiger Stelle bereits beschrieben – als zentral. Eingeleitet wurde dieser Perspektivwechsel bereits mit der Ökumenischen Versammlung (1989, Ziff. 36):

> „Mit der notwendigen Überwindung der Institution des Krieges kommt auch die Lehre vom gerechten Krieg, durch welche die Kirchen den Krieg zu humanisieren hofften, an ein Ende. Daher muss schon jetzt eine Lehre vom gerechten Frieden entwickelt werden".

Und auch nach dem ökumenischen Aufruf zum gerechten Frieden müsse „der Geist, die Logik und die Durchführung von Kriegen" überwunden werden, womit auch die Lehre vom gerechten Krieg „obsolet" werde (ÖRK 2011a, Ziff. 58). Da einige Kirchen gerade im angloamerikanischen Raum bis heute an der *bellum iustum*-Lehre festhalten und diese Formulierung nicht mittrugen, entstand im Weltkirchenrat die Kompromissformel: „[Wir] gehen über die Lehre vom gerechten Krieg hinaus und bekennen uns zum gerechten Frieden" (ÖRK 2011b, S. 4). Aber auch im Raum der EKD gibt es Anfragen,

> „ob nicht in dieser Perspektive eine Intention, die sich zumindest auch mit der Lehre vom gerechten Krieg verbindet, nämlich die Einhegung des Krieges durch die Mittel des Rechts, etwas zu wortreich verabschiedet wird – mit der Folge, dass diese Elemente über die Frage nach dem legitimen Einsatz rechtserhaltender Gewalt etwa in der EKD-Friedensdenkschrift von 2007 wieder eingeführt werden müssen" (Anselm 2018, S. 54 f.).

© Der/die Autor(en) 2021
I.-J. Werkner, *Gerechter Frieden*, essentials,
https://doi.org/10.1007/978-3-658-34366-8_2

Beide Begriffe beziehungsweise Konzepte schließen sich per se erst einmal nicht aus. In diesem Kontext fordert auch Bernd Oberdorfer (2019, S. 17), „die plakative Gleichordnung der beiden Begriffe aufzugeben", und plädiert für eine differenzierte Sicht auf beide Konzepte:

> „Der gerechte Frieden eignet sich als orientierender Leitbegriff für die friedensethische Diskussion. Aber im Horizont dieses Leitbegriffs kann und muss der Lehre vom gerechten Krieg (die die Funktion eines solchen umfassenden Leitbegriffs nie hatte!) eine – begrenzte, untergeordnete – Rolle eingeräumt werden. Dies dient der Transparenz der Argumentation und macht auch die Problemkontinuität sichtbar" (Oberdorfer 2019, S. 17).

Auch wenn der Leitbegriff des gerechten Friedens von seiner Genese her in Abgrenzung zur Lehre vom gerechten Krieg entstanden ist, impliziert er noch eine weitere Entgegensetzung: gerechter versus ungerechter Frieden. Und auch der letztgenannte Terminus mag – in ähnlicher Weise wie der Ausdruck des gerechten Krieges – auf den ersten Blick irritieren, drückt diese Wortkombination eines positiv konnotierten Begriffs mit einem negativ besetzten Attribut eine inhärente Spannung aus. Aber weder führt Ungerechtigkeit zwingend zum Krieg noch bringt Frieden notwendigerweise Gerechtigkeit mit sich. Im ersten Fall können entweder die Kosten eines Krieges, befürchtete Opfer und Schäden, den vorhersehbaren Nutzen übersteigen oder die Adressaten von Ungerechtigkeit greifen nicht zu militärischer Gewalt, da sie Krieg an sich ablehnen oder aber nicht über die entsprechenden Ressourcen verfügen, ihn aussichtsreich zu führen. Im zweiten Fall kann Frieden, verstanden als Abwesenheit von Krieg, auf ungerechten Verhältnissen wie Repression und Ausbeutung beruhen – ein Aspekt, der insbesondere für den globalen Süden von Relevanz ist.

Im Gegensatz dazu beansprucht der gerechte Frieden, mit seinem weiten und mehrdimensionalen Friedensverständnis über die auf Kriegsbegrenzung angelegte Lehre vom gerechten Krieg deutlich hinauszugehen, insofern es nunmehr gilt, die Bedingungen des Friedens zu bestimmen und herzustellen. Dabei bietet die inhaltliche Verknüpfung von Frieden und Gerechtigkeit den Ausgangspunkt für eine Kritik an bestehenden Gewaltverhältnissen, auch struktureller Art: „Soziale Gerechtigkeit tritt Privilegierungen entgegen, wirtschaftliche Gerechtigkeit dem Konsum und politische Gerechtigkeit Macht an sich" (ÖRK 2013a, S. 1). Insofern besteht zwischen Frieden und Gerechtigkeit „ein konstitutiver Zusammenhang" (Brock 2017, S. 732).

Dieser Perspektivenwechsel impliziert aber zugleich eine prinzipielle, dem Konzept des gerechten Friedens inhärente Spannung: So gehen gute Dinge nicht immer zusammen (vgl. Müller 2013). Auch wenn Frieden und Gerechtigkeit normativ unauflösbar zusammengehören, können sie in der politischen Realität auseinanderfallen. Das ist immer dann der Fall, wenn Gewaltanwendung zum Schutz elementarer Menschenrechte alternativlos erscheint oder die Aufrechterhaltung des Friedens mit zentralen Gerechtigkeitsforderungen kollidiert. Und genau das bietet „einen moralisch attraktiven Grund für Rebellion und Krieg und andere Formen kollektiver Gewalt" (Brock 2013, S. 23 f.). Diese Konsequenz ist auch aus westlicher Perspektive nicht unproblematisch, gelten gerade die humanitär begründeten militärischen Interventionen der letzten Jahre als wenig erfolgreich. Lässt sich diesbezüglich also eher mit Cicero entgegnen: „Ich, meines Orts, höre nicht auf, zum Frieden zu ermahnen: denn sogar ein ungerechter Friede ist nützlicher, als der gerechteste Krieg" (in Wieland 1814, S. 90)?

Dieses Dilemma zeigt sich ebenso bei der Debatte um die internationale Schutzverantwortung, scheinen sich gerade hier das friedenspolitische Ziel der Gewaltminimierung und die Gewaltanwendung zum Schutz bedrohter Menschen angesichts schwerster Menschenrechtsverletzungen diametral gegenüberzustehen. Der Vorrang der Gewaltanwendung lässt sich widerspruchsfrei prinzipiell nur dann ethisch begründen, „wenn Grundnormen der Gerechtigkeit dort, wo ihre Durchsetzung mit dem Ziel des Friedenserhalts in Konflikt gerät, als fundamentaler und ethisch dringlicher angesehen werden als der Verzicht auf Gewaltanwendung" (Hoppe und Werkner 2017, S. 353). Damit nicht jede Spannung zwischen Frieden und Gerechtigkeit zulasten der Friedensnorm geht, sind ethisch enge Grenzen notwendig. So kommt auch die internationale Schutzverantwortung ausschließlich bei schwersten Menschenrechtsverletzungen zum Tragen.

Die Spannung zwischen Frieden und Gerechtigkeit wird noch dadurch erschwert, dass sehr unterschiedliche Gerechtigkeitsvorstellungen existieren, die unter Umständen konträr zueinander stehen, zu Konflikten ausarten und Gewalt sogar noch befördern können. So „[liegen] den meisten Kriegen und gewaltsam ausgetragenen Konflikten […] miteinander konkurrierende oder sich gegenseitig ausschließende Gerechtigkeitsansprüche zugrunde" (Brock 2019, S. 119). Christopher Daase (2013, S. 173) identifiziert diesbezüglich fünf Arten von Gerechtigkeitskonflikten:

- *Anwendungskonflikte* infolge unterschiedlicher Sichtweisen über die Anwendung ein und desselben Prinzips und dessen Auswirkungen (beispielsweise bei der Verteilung materieller Ressourcen),
- *Prinzipienkonflikte*, die auftreten, wenn verfolgte Prinzipien in Widerspruch zu grundlegenden Gerechtigkeitsforderungen geraten (zum Beispiel wenn religiös motivierte Verteilungsforderungen der gleichberechtigten politischen Teilhabe von Frauen entgegenstehen),

- *Wertekonflikte* zwischen gerechtigkeitsbezogenen und anderen – davon unabhängigen – gemeinwohlorientierten Ansprüchen (beispielsweise zwischen der im Rechtssystem etablierten retributiven, strafenden Gerechtigkeit und der auf Versöhnung und Konfliktdeeskalation ausgerichteten restaurativen Gerechtigkeit),
- *Präferenzkonflikte*, bei denen Gerechtigkeitsforderungen mit Eigeninteressen kollidieren (wie sie sich unter anderem bei Verhandlungen zum Klimaschutz zeigen) sowie
- *Anerkennungskonflikte,* die entstehen, wenn Gerechtigkeitsforderungen anderer prinzipiell nicht anerkannt beziehungsweise berücksichtigt werden.

So treten nicht nur Frieden und Gerechtigkeit zueinander in Spannung, sondern auch die verschiedenen Formen von Gerechtigkeitskonflikten können zu einer Quelle von Gewalt werden und sich hemmend auf den Frieden auswirken, ihn gegebenenfalls sogar gänzlich verhindern. Diesbezüglich setzt auch die EKD-Denkschrift auf Gerechtigkeitspostulate, die nicht unwidersprochen bleiben. So ist ihr eine spezifisch europäische – kritisch formuliert: eurozentristische – Sichtweise zu eigen. Das zeigt sich beispielsweise an der sozio-ökonomischen Friedensdimension. Nach der EKD-Denkschrift (2007, Ziff. 83) erfordert der „Abbau von Not" zweierlei: „Zum einen setzt er die Bewahrung der für menschliches Leben natürlichen Ressourcen voraus; zum anderen müssen Ungerechtigkeiten in der Verteilung materieller Güter und des Zugangs zu ihnen verringert werden." Danach lasse „in den herrschenden systemischen Verhältnissen nur die Verteilung zu wünschen übrig" (Duchrow 2019, S. 39). Versäumt wurde es – so die linksprotestantische Kritik von Ulrich Duchrow (2019, S. 39) –, „eine systematische Analyse und Kritik der herrschenden politisch-ökonomischen Verhältnisse vorzunehmen, innerhalb derer die Friedensfrage im engeren Sinn erst zu verstehen sei." In diesem Kontext adressiert die EKD-Denkschrift auch kaum die Gewaltverhältnisse zwischen dem globalen Norden und dem globalen Süden; eine postkoloniale Perspektive auf Gerechtigkeitsfragen fehlt weitgehend mit konstitutiven Folgen:

> „Wenn man […] die Geschichte des Westens auch als eine Geschichte der Gewalt und der gewaltsamen kapitalistischen Zunutzemachung begreift, so wird deutlich, dass Begriffe wie ‚Globalisierung' und ‚Wachstum' auch dazu dienen, diese gewaltvollen Praxen als Teil der westlichen Kultur zu verbergen" (Betscher 2019, S. 94).

Die ökumenischen Debatten gehen hier deutlich weiter (vgl. Duchrow 2019). Der Ökumenische Rat der Kirchen beispielsweise erteilt dem imperialen Kapitalismus eine klare Absage:

„Die wirtschaftliche Globalisierung hat den Gott des Lebens durch Mammon ersetzt, den Gott des freien Marktkapitalismus, der die Macht für sich beansprucht, die Welt durch die Anhäufung unmäßigen Reichtums und Wohlstands zu retten. […] Aufgabe der Mission ist es somit, die Ökonomie der Habgier anzuprangern und die göttliche Ökonomie der Liebe, des Miteinanderteilens und der Gerechtigkeit zu praktizieren" (ÖRK 2013b, Ziff. 108).

In grundlegender Kritik am Kapitalismus konstatiert auch Papst Franziskus in seinem Apostolischen Brief „Evangelii Gaudium" im November 2013: „Diese Wirtschaft tötet" (Franziskus I. 2013; vgl. auch Segbers und Wiesgickl 2015). Mit ihrer Westzentrierung und Vernachlässigung der postkolonialen Perspektive bleibt die EKD-Denkschrift nicht nur hinter diesen Debatten zurück, sie steht damit auch dem eigenen Anspruch eines gerechten Friedens entgegen (vgl. Betscher 2019, S. 93). Die historischen und sozioökonomischen Kontexte kolonialer Strukturen und die in diesem Zusammenhang stehenden Machtformationen wirken bis heute fort. Sie reichen über ökonomische Gerechtigkeitsfragen hinaus und beeinflussen selbst Fragen kultureller Vielfalt und deren Anerkennungsverhältnisse, womit eine weitere Dimension des gerechten Friedens angesprochen ist. Aus postkolonialer Perspektive lasse sich die Kultur der Anderen eben „nicht einfach abstrakt anerkennen" (in Nachzeichnung der Betscher-Argumentation Munzinger 2019, S. 131). Angesichts fortbestehender Privilegien und asymmetrischer Machtverhältnisse seien die Voraussetzungen für eine „Anerkennung auf Augenhöhe" (Betscher 2019, S. 92) häufig gar nicht gegeben, was die Kulturwissenschaftlerin Silke Betscher zu einer weiteren fundamentalen Kritik an der Friedensdenkschrift veranlasst:

„Das Diktum der Anerkennung und der Topos der ,kulturellen Vielfalt' […] verstärken sich also (ungewollt) gegenseitig in der essentialistischen, binären und hierarchisierenden Konstruktion von Gesellschaften."

Unabhängig davon, wie man sich zu dieser Kritik positioniert, verdeutlicht diese Debatte die Vielschichtigkeit und Komplexität des Gerechtigkeitsbegriffs und seiner Dimensionen und die Notwendigkeit, hier weiterzudenken.

Frieden durch Recht – Recht durch Krieg?

Das Paradigma „Frieden durch Recht" gehört – wie zu Beginn des Beitrages bereits ausgeführt – zu den Grundpfeilern des Leitbildes des gerechten Friedens; es prägt in hohem Maße die Friedensdenkschrift der EKD. Damit wird der Tatsache Rechnung getragen, dass das Recht sowohl im innergesellschaftlichen und -staatlichen Bereich als auch in den internationalen Beziehungen das Zusammenleben der Menschen ordnen und divergierende Interessen zur Deckung bringen kann. Für internationale Zusammenhänge kommt daher dem Völkerrecht eine wichtige friedenssichernde Funktion zu. Es schafft die institutionellen Rahmenbedingungen für die Begrenzung von – oder gar den Verzicht auf – Gewalt und damit die Schaffung von Frieden, indem es Regeln und Verfahren zur Austragung von Konflikten bereitstellt. Wie stark dieser Rechtsgedanke insbesondere auch in hiesigen friedensethischen Debatten verankert ist, bringt der Völkerrechtler Stefan Oeter (2020, S. 138) zum Ausdruck:

> „Rechtsdenken in Deutschland trägt bis heute tief einkodierte Züge eines idealistischen Denkens. Recht wird dabei als eine Sphäre des Guten wahrgenommen, die für sich die Welt schon besser werden lässt."

In diesem Rechtsdenken stecke jedoch – so Oeter (2020, S. 138) – „ein fataler Kategorienfehler"; die Welt werde „nicht allein dadurch besser, dass man eine neue Rechtsnorm setzt – und sei diese auch noch so gut gemeint".

Wie stehen also Frieden und Recht zueinander? Welche Tragfähigkeit und Bedeutung kommen dem Ansatz „Frieden durch Recht" zu? Wo liegen seine

---

Diese Überschrift ist dem Titel von Lothar Brock (2020) entnommen.

© Der/die Autor(en) 2021   11
I.-J. Werkner, *Gerechter Frieden,* essentials,
https://doi.org/10.1007/978-3-658-34366-8_3

Stärken, aber auch seine Herausforderungen und Anfragen? Die Symbiose beider Termini ist nicht so eindeutig wie es sich zunächst vermuten lässt. Einerseits dient Recht dazu, Willkür einzuschränken und zu überwinden und Frieden zu befördern. Ohne Recht lässt sich kein Frieden stiften (vgl. Brock 2020, S. 154). Andererseits muss Recht auch durchgesetzt werden. In diesem Sinne schließen sich Recht und Gewalt einander nicht aus, ganz im Gegenteil: „Gewalt ist nicht Gegenbegriff, sondern Konstituens des Rechts" (Brücher 2020, S. 92). Bereits Walter Benjamin (1965) verwies auf diese rechtinhärente Logik. Vor diesem Hintergrund sind „Gewaltapparate und Formen militärischer Durchsetzung [...] notwendige Bestandteile einer jeden Ordnung des ‚Friedens durch Recht'" (Oeter 2020, S. 136). Jüngste kirchliche Verlautbarungen wie beispielsweise der Kundgebungstext der Friedenssynode der EKD von 2019 mit seinem konsequenten Eintreten für den Weg der Gewaltfreiheit blenden diesen Zusammenhang aus. Wenn die EKD-Synode konstatiert: „Das Leitbild des Gerechten Friedens setzt die Gewaltfreiheit an die erste Stelle" (EKD 2019, S. 3), aber in keiner Weise ausführt, wie Rechtsnormen auf internationaler Ebene auch umgesetzt werden können, wird sie dem Ansatz „Frieden durch Recht" in seiner Komplexität kaum angemessen begegnen können:

> „‚Frieden durch Recht' ist ein Projekt, das sich nicht nur auf das Setzen von Rechtsnormen wird beschränken können, sondern das auch systematisch daran wird arbeiten müssen, die akzeptierten Rechtsnormen gegenüber Rechtsbrechern und zynisch am Recht vorbei agierenden Akteuren durchzusetzen" (Oeter 2020, S. 135).

Angesichts der Ambivalenz des Verhältnisses von Recht und Gewalt ist der Ansatz „Frieden durch Recht" aber auch stets kritisch zu prüfen. Der Philosoph Christoph Menke (2012, S. 7 f.) spricht von „der Legitimation des Rechts als Gewaltüberwindung und der Kritik des Rechts als Gewaltanwendung" (vgl. auch Brock und Simon 2018). Dabei ist nicht nur zwischen der Willkür *(violentia)* und der rechtserhaltenden Gewalt zu ihrer Einhegung *(potestas)* zu differenzieren; auch die Ausübung von Recht wird von Willkür begleitet (vgl. Brock 2020, S. 164). Da das Recht in konkrete politische und soziale Kontexte eingebettet ist, ist es „immer auch als Produkt der bestehenden Gewaltverhältnisse zu verstehen [...], unter denen es der Gewalt Einheit gebieten soll" (Brock 2019, S. 141). Das gilt auch für das Völkerrecht:

> „Wie alles Recht erhebt es [das Völkerrecht, Anm. d. Verf.] den Anspruch, die Machtverhältnisse und Interessenkonstellationen zu transzendieren, aus denen es hervorgegangen ist, bleibt diesen aber immer auch verhaftet" (Brock 2019, S. 139 f.).

So ist Recht stets auch mit Komponenten von Herrschaft, Ungleichheit und Interessendurchsetzung „verunreinigt" (Oeter 2021, i.E.). Diese bestehenden Verknüpfungen stellen eine der zentralen Herausforderungen des Ansatzes „Frieden durch Recht" dar. Sie zeigen sich sehr deutlich an der UN-Charta. Insbesondere die Konstellation des UN-Sicherheitsrates mit dem Vetorecht seiner fünf ständigen Mitglieder – allesamt Atommächte – verweisen auf internationale Machtverhältnisse. Bis heute führen sie dazu, dass kollektive Sicherheit an ihre Grenzen stößt, wenn Partikularinteressen von ständigen Sicherheitsratsmitgliedern betroffen sind.

Institutionell kommt ein weiterer limitierender Faktor der Verrechtlichung als Friedensstrategie zum Tragen: das fehlende Gewaltmonopol. Hier gilt es allerdings zu spezifizieren: So verfügen die Vereinten Nationen mit dem Sicherheitsrat durchaus über das „legitimierende Gewaltmonopol". Angesichts fehlender Standby-Forces und entsprechender Abkommen nach Art. 43 UN-Charta fehlen ihnen bislang jedoch die Mittel, es auch durchzusetzen. Das Manko liegt damit im „possessiven Gewaltmonopol" (vgl. Jaberg 2013, S. 243). Die Vereinten Nationen sind, soll ihr System kollektiver Sicherheit funktionieren, auf die Solidarität ihrer Mitglieder angewiesen. Diesbezüglich sind es häufig gerade die ressourcenstarken Länder, die aufgrund innenpolitischer Befindlichkeiten ihre Solidarität verweigern und sich auf diese Weise ihrer Verantwortung entziehen (vgl. Oeter 2020, S. 134). Exemplarisch zeigt es sich an UN-Einsätzen zum Schutz der zivilen Bevölkerung *(Protection of Civilians)*, die sich in der Regel durch eine weitgehende Abstinenz der Industrienationen – auch Deutschlands – auszeichnen. Die Gründe hierfür sind zumeist innenpolitische:

> „Durch ein derartiges Engagement wäre angesichts der stark pazifistisch grundierten Strömungen in diesen Staaten innenpolitisch kostspielig – man riskierte nicht nur relevante Opferzahlen unter den eingesetzten Soldaten, sondern auch lautstarke Proteste prinzipieller Gewaltgegner" (Oeter 2020, S. 131).

Diese ungerechte Lastenverteilung bleibt nicht ohne Folgen; sie führt zu einer Verantwortungserosion und geht zulasten der zu schützenden Zivilbevölkerung (vgl. Oeter 2020, S. 130). Zu fordern wäre hier eine Stärkung der – auch militärischen – Strukturen des Systems kollektiver Sicherheit. Denn ein zu wenig an kollektiver Sicherheit führt zwangsweise zu „einer übersteigerten Bedeutung des Rechts der Selbstverteidigung" (Oeter 2020, S. 124).

Rechtserhaltende Gewalt oder rechtserhaltender Zwang – mehr als eine semantische Unterscheidung?

4

Mit der Konzeptualisierung der rechtserhaltenden Gewalt in Abgrenzung zum gerechten Krieg („,Rechtserhaltende Gewalt' statt ,gerechter Krieg'", EKD 2007, Ziff. 65) liegt der Fokus der friedensethischen Debatten – und das hat das vorherige Kapitel deutlich aufzeigen können – auf Fragen legaler und legitimer Gewalt und damit auf militärische Interventionen. Dieser Fokus ist nachvollziehbar und stellt auch einen zentralen Aspekt in friedensethischen Debatten dar, „verstellt aber den Blick auf Formen der politischen Einflussnahme *jenseits* militärischer Gewalt, die nichtsdestotrotz normativ rechtfertigungsbedürftig sind [...]: Formen des politischen Zwangs" (Daase 2016, S. 12; vgl. auch Daase 2019, S. 23).

Der Terminus des Zwangs ist kein originär friedenswissenschaftlicher, der Begriff findet sich verstärkt in Rechtsdiskursen. Im Rahmen des gerechten Friedens mit seinem explizit rechtsethischen Zugang („Frieden durch Recht") liegt seine Verwendung aber auch nicht fern. Mit ihm verbindet sich vor allem die Chance, infolge des veränderten Fokus und der Perspektiverweiterung über bisherige friedenspolitische und -ethische Debatten hinauszugelangen. So gehe es „in vielen Institutionen und auch im internationalen Recht [...] nicht in erster Linie um die Durchsetzung von Normen mit Gewalt, sondern um die Stärkung ihrer Verbindlichkeit durch Androhung von Sanktionen, also um Zwangsbewährung" (Daase 2016, S. 12).

Allgemein bezeichnet Zwang „die Stärke, jemanden gefügig zu machen" (Imbusch 2002, S. 33). Der durch „die Androhung physischer Eingriffe bzw. bestimmter Erzwingungsmittel" (Imbusch 2002, S. 33) erzeugte Druck soll jemanden dazu veranlassen, entweder Fremdbestimmtes tun zu müssen (gebietender Zwang) oder Selbstbestimmtes nicht tun zu dürfen (verbietender Zwang) (vgl. Batthyány 2007, S. 153). Dabei stellt Gewalt in seinem Verständnis als direkte physische Gewalt nur „eine bestimmte Form des Zwanges neben anderen" und „ein spezifisches Mittel der Nötigung unter übrigen" (Neidhardt 1986, S. 132) dar.

© Der/die Autor(en) 2021
I.-J. Werkner, *Gerechter Frieden*, essentials,
https://doi.org/10.1007/978-3-658-34366-8_4

In der internationalen Politik kommt eine ganze Bandbreite von Maßnahmen in Betracht; angefangen vom psychischen Druck und dem Beschämen *(shaming and blaming)* über die Androhung oder Durchführung nicht-gewaltsamer Sanktionen wie Wirtschaftsboykotte oder den Ausschluss aus Gremien und Organisationen bis hin zu militärischen Interventionen als ultima ratio (vgl. Daase 2019, S. 24). Insbesondere die Sanktionspolitik als ein „Instrument des internationalen Krisen- und Konfliktmanagements" (Werthes 2019, S. 122) bedarf – eingehender als bisher geschehen – der friedensethischen Beachtung und Reflexion. Denn obwohl Sanktionen in der internationalen Politik und Praxis zunehmen, ist es bislang noch nicht gelungen, einen formalen, das heißt rechtlich geregelten und vorhersagbaren Sanktionsmechanismus zu etablieren (vgl. Werthes 2019, S. 129 f.). Dabei können die Folgen verhängter Sanktionen für die betroffenen Staaten und ihre Gesellschaften durchaus gravierend sein; gegebenenfalls kommen sie gar einem „genocidal tool" (Simons 1999, S. xi; vgl. auch Werthes 2019, S. 132) gleich.

Auch Sanktionen (lat. sancire, übersetzt mit heiligen, festsetzen, bestätigen) sind vielfältig; sie können als „Reaktionen anderer auf normgemäßes oder von der Norm abweichendes Verhalten eines Sanktionsadressaten" (Werthes 2019, S. 122 f.) gefasst werden. Im Fokus steht die „Rechtfertigung, Begründung und Bestätigung von Normen" (Daase 2016, S. 12). Das kann in zweierlei Weise erfolgen: bei Verstoß des Adressaten durch Missbilligung und Strafe oder aber im Sinne der Bestätigung einer Norm durch Anreiz und Belohnung. Sanktionen haben zwei zentrale Funktionen inne: Zum einen ist es die „willensbeugende Funktion" (Werthes 2019, S. 125). Mit ihr verbindet sich die Erzwingung eines bestimmten Verhaltens, „um eine allgemeine Norm zur Geltung zu verhelfen" (Daase 2016, S. 13). Aber auch „machtlose Sanktionen sind Sanktionen" (Daase 2016, S. 13, 2019 S. 28). So kommt ihnen – zweitens – eine normative Funktion zu. Hier gilt es, „den sanktionierten Akteur zu stigmatisieren und ihm ‚die Missbilligung seines Verhaltens durch die Staatengemeinschaft deutlich vor Augen zu führen' (Kulessa und Starck 1997, S. 4)" (Werthes 2019, S. 125). In diesem Sinne verstehen sich Sanktionen als ein „Element internationaler (normativer) Kommunikation" (Werthes 2019, S. 128) mit dem Ziel, die Gültigkeit einer Norm zu bekräftigen (vgl. Daase 2016, S. 13, 2019 S. 28). Ausgehend von diesen beiden Hauptfunktionen lassen sich idealtypisch vier theoretische Wirkungsmodelle von Sanktionen unterscheiden (vgl. Werthes 2019, S. 126 ff.):

- Das klassische Modell geht von der Annahme aus, dass der Effekt von Sanktionen proportional mit den durch Sanktionen verursachten (wirtschaftlichen) Schäden zunehme, da rational agierende Regierungen auf Druck reagieren und ihre Politik entsprechend anpassen. Übersehen werde dabei, dass infolge der Unterdrückungsapparate autoritärer Staaten Sanktionen vorrangig zulasten der Bevölkerung gehen.

- Das interessenpluralistische Modell folgt derselben Logik, versucht aber, mittels zielgerichteter Sanktionen nicht die Bevölkerung, sondern die politisch Verantwortlichen zu treffen. Auch hier werde unterschätzt, dass „staatliche Akteure mittels Anpassungs- und Verteilungsmaßnahmen durchaus die Effekte von gezielten Sanktionen konterkarieren oder zumindest minimieren können" (Werthes 2019, S. 127).
- Das Modell der Ressourcenverweigerung basiert auf einer anderen Wirkungslogik. Hier werde versucht, den politisch Verantwortlichen die materiellen Ressourcen zur Fortführung ihrer Politik vorzuenthalten. Als klassisches Beispiel gelten Waffenembargos. Und auch hier gilt, dass „die Verfolgung der sanktionierten Politik von der Versorgung mit diesen materiellen Ressourcen abhängig ist" (Werthes 2019, S. 128).
- Und das vierte Modell, das auf der normativen Funktion von Sanktionen beruht, muss sich ebenfalls der Kritik stellen, wenn „ein solcher kommunikativer Akt über symbolische Sanktionsmaßnahmen hinausgeht und Unschuldige leiden müssen" (Werthes 2019, S. 128).

Mit Sanktionen gehen – das haben die verschiedenen Wirkungsmodelle deutlich machen können – zentrale ethische Fragen über die Angemessenheit der Reaktion einher. Umstritten ist, inwieweit diese sich nach den Kriterien rechtserhaltender Gewalt beurteilen lassen. Während Sascha Werthes (2019) diesen Versuch unternimmt, sprechen sich andere Autorinnen und Autoren mit aller Vehemenz dagegen aus. Nach Elizabeth Ellis (2020) gebe es „crucial differences between war and economic sanctions". Dabei seien die Kriterien des gerechten Krieges – und diese sind identisch mit denen der rechtserhaltenden Gewalt – „inappropriate for use in the moral assessment of economic sanctions". Nötig für die ethischen Abwägungen der Mittel und ihrer Konsequenzen sei ein angemessenes ethisches Bezugssystem. In diesem Sinne fordert auch Christopher Daase (2019, S. 29) „eine neue Ethik des Sanktionierens als legitime Zwangspolitik" und konstatiert:

„Im rechtsethischen Diskurs der letzten Jahre ist zu viel über den gerechten Krieg und zu wenig über legitimen Zwang gesprochen worden. Dadurch sind die Möglichkeiten konzeptionell eingeschränkt worden, auf Rechtsbrüche, Menschenrechtsverletzungen und Ungerechtigkeiten in der internationalen Politik zu reagieren."

Zivile Konfliktbearbeitung – eine vorrangige Aufgabe, aber nicht ohne Beschränkungen und Aporien

5

Frieden durch Recht mit seinem Instrument der rechtserhaltenden Gewalt beziehungsweise wie zuvor diskutiert des rechtserhaltenden Zwangs stellt eine notwendige, aber noch keine hinreichende Bedingung des Friedens dar. Bereits die EKD-Schrift von 1994 „Schritte auf dem Weg des Friedens" verweist auf gebotene komplementäre Zugangsweisen:

> „Eine internationale Friedensordnung, die bei der Aufgabe der Rechtsdurchsetzung die ultima ratio des Einsatzes militärischer Gewalt einer strengen Prüfung unterwirft und ihn tatsächlich dem Grenzfall vorbehält, ist in besonderer Weise auf den Ausbau von Wegen der zivilen Konfliktbearbeitung angewiesen."

In der EKD-Denkschrift von 2007 stellt die zivile Konfliktbearbeitung dann auch „eine vorrangige Aufgabe" im Rahmen des Konzeptes des gerechten Friedens dar (EKD 2007, Ziff. 170). Der Begriff der zivilen Konfliktbearbeitung ist relativ neu; er hat sich erst nach dem Ende des Ost-West-Konflikts und der Blockkonfrontation zu einem zentralen Terminus entwickelt. Friedenspolitisch verbinden sich mit der zivilen Konfliktbearbeitung drei Bedeutungen: *Erstens* bezieht sie sich auf den Modus des Umgangs mit gewaltsamen Konflikten und stellt insofern eine Kritik an der militärischen Vorgehensweise dar. Die Unbewaffnetheit gilt als zentraler Grundsatz ziviler Ansätze. *Zweitens* kommt mit dem Zivilen der Akteur in den Blick. So leisten zivile beziehungsweise zivilgesellschaftliche Akteure einen bedeutsamen friedenspolitischen Beitrag und sind „neben staatlichen Instrumenten und Einrichtungen wichtige Träger nicht-militärischer Maßnahmen der Konfliktintervention und Vermittlung" (Weller 2007a, S. 13). Hierbei steht weniger die Abgrenzung zu staatlichen Akteuren als vielmehr die konzeptionelle Erweiterung um transnationale Kräfte im Fokus der Betrachtung (vgl. Weller 2007b, S. 69). *Drittens* steht zivile Konfliktbearbeitung für die „Zivilisierung

I.-J. Werkner, *Gerechter Frieden*, essentials,
https://doi.org/10.1007/978-3-658-34366-8_5

19

der Konfliktbearbeitung" und damit für einen Prozess, der auf einen dauerhaften Gewaltverzicht in der Konfliktbearbeitung im Sinne der Normentwicklung und der Entwicklung einer konstruktiven Konfliktkultur zielt (Weller 2007b, S. 70). Vor diesem Hintergrund definieren Rebecca Gulowski und Christoph Weller (2017, S. 407) zivile Konfliktbearbeitung als

> „die Ermöglichung sozialen Wandels durch Vergesellschaftungsprozesse, in denen die Bearbeitung von Konflikten durch Transformationen auf struktureller, institutioneller und/ oder Akteur*innen-Ebene erfolgt".

Die Ausführungen in der Friedensdenkschrift zur zivilen Konfliktbearbeitung wie auch innerkirchliche Diskurse werden dieser Breite des Verständnisses häufig nicht gerecht. In der Regel dominiert eine Betrachtungsweise, die einseitig auf Gewaltfreiheit abhebt. In diesem Sinne konstatieren auch Andreas Heinemann-Grüder und Isabella Bauer (2013, S. 20): „Zivile Konfliktbearbeitung hat sich als Gegenbegriff zu militärischen Interventionen durchgesetzt." Eine solche verengte Perspektive des Terminus birgt zumindest drei Probleme:

Zum einen besteht, wenn der Eindruck vermittelt wird, mit ziviler Konfliktbearbeitung Gewaltkonflikte generell verhindern zu können, „das Risiko von Selbstüberschätzung und Machbarkeitsillusionen" (Nachtwei 2020, S. 125). Nach Winfried Nachtwei (2020, S. 123) könne zivile Konfliktbearbeitung keine „‚Globalalternative' zu militärgestützter Sicherheitspolitik" sein und keinen „friedenspolitischen Alleinvertretungsanspruch" vertreten. Diese Forderung sei insbesondere dann nicht überzeugend, wenn

- es um Fragen der staatlichen Schutzpflicht der eigenen Bürgerinnen und Bürger gegen illegale Gewalt oder von Beistandspflichten in kollektiven Sicherheitssystemen gehe,
- reale Bedrohungen und Gewaltakteure wie genozidale Gewalt, der transnationale Terrorismus oder organisierte Kriminalität kaum zur Kenntnis genommen werden,
- militärische Mittel auf der Basis von Art. 24, 25 und 87a GG unterschiedslos als „Gewaltgläubigkeit und Kriegsförderung" angeprangert werden,
- das multilaterale und -dimensionale Krisenmanagement der letzten Jahrzehnte (von UNO, EU, NATO etc.) auf Irak, Afghanistan und Libyen reduziert werde,
- allein auf internationale Polizei gesetzt werde, „die schon gegenüber schwer bewaffneten Milizen nicht überlebens-, geschweige durchsetzungsfähig wären" oder

- der *Do-No-Harm*-Ansatz nicht auch kritisch auf mögliche kontraproduktive Nebenwirkungen hin beleuchtet werde (vgl. Nachtwei 2020, S. 124 f.).

Zweitens fokussiert ein Verständnis ziviler Konfliktbearbeitung als Gegenbegriff militärischer Interventionen – ob bewusst oder unbewusst – auf die Konfliktphase eskalierter Gewalt. Verhindert wird damit ein notwendiger Paradigmenwechsel und eine konsequente Schwerpunktsetzung auf die Phase vor Ausbruch eines gewaltsamen Konfliktes, auf die Gewaltprävention. Dieser Shift erweist sich jedoch als zentral; so konstatiert eine groß angelegte und jüngst erschiene Studie der Vereinten Nationen und der Weltbank (2018, S. xvii):

> „A shift from managing and responding to crises and toward preventing conflict sustainably, inclusively, and collectively can save lives and greatly reduce these costs."

Die zentralen Erkenntnisse dieser Studie fasst Martin Quack (2020, S. 56 f.) in fünf Punkten zusammen. Ausgehend davon, dass Prävention zum Kernziel internationaler Kooperation werden muss, erweist sich erstens die gesellschaftliche und politische Inklusion sozialer Gruppen als wichtiger Ansatzpunkt. Nötig sind zweitens gesellschaftliche Aushandlungsprozesse. Drittens gilt es, Risiken frühzeitig und längerfristig zu adressieren. Dabei werden viertens zentrale Handlungsbereiche eruiert. Dazu gehört es, Handlungsanreize zu setzen, Institutionen inklusiv zu gestalten und strukturelle Ursachen von Benachteiligungen anzugehen. Und fünftens wird die Notwendigkeit einer kollektiven Herangehensweise betont mit dem Verantwortungsfokus auf lokale Akteure, die international unterstützt werden. Für den von dieser Studie favorisierten Shift zur Gewaltprävention sprechen sich auch Christoph Weller und Andrea Kirschner (2005, S. 24) aus. So sei zivile Konfliktbearbeitung

> „kein Heilmittel für schon eskalierte Konflikte, sondern die wirksamste Maßnahme der Gewalt*prävention*. Die misslungene Gewaltprävention ist jedoch ein geeigneter Anlass, Lücken und Schwächen der gesellschaftlichen Institutionen für zivile Konfliktbearbeitung ausfindig zu machen sowie danach zu fragen, was die Entwicklung einer konstruktiven Konfliktkultur behindert".

Drittens gerät die verengte Perspektive des Terminus auf Gewaltfreiheit zwangsweise in Widerspruch zu seiner dritten Bedeutung, zur Zivilisierung der Konfliktbearbeitung. Letztere hebt auf das Prozessurale des Friedens ab. Inhaltlich verbinden sich mit der Zivilisierung von Konflikten nach dem Zivilisatorischen Hexagon von Dieter Senghaas (1995) Entwicklungen wie Rechtsstaatlichkeit, demokratische Partizipation, Konfliktkultur, soziale Gerechtigkeit, Interdependenzen und Affektkontrolle und schließlich das Gewaltmonopol. Das heißt: Frieden als Zivilisierungsprojekt setzt auf einen funktionierenden Staat, „der ein kontrolliertes und akzeptiertes Gewaltmonopol nicht nur innehat, sondern besitzen muss" (Gulowski und Weller 2017, S. 391). Dieser Diskurs um die inneren Spannungen zwischen gewaltfreier und zivilisierender Konfliktbearbeitung wird bislang noch zu wenig thematisiert; er muss künftig – auch innerhalb der Friedensforschung – sehr viel intensiver geführt und friedensethisch reflektiert werden.

Mit dem Ansatz der zivilen Konfliktbearbeitung verbindet sich noch eine weitere Herausforderung: Infolge ihrer unangefochten positiven Konnotation ist zivile Konfliktbearbeitung aber der Gefahr ausgesetzt, zulasten einer theoretischen Fundierung politisch instrumentalisiert zu werden (vgl. Gulowski und Weller 2017, S. 387 f.). Eine solche theoretische Auseinandersetzung und Konzeptualisierung sind aber nötig, damit „der praktische und politische Umgang mit Maßnahmen der zivilen Konfliktbearbeitung beobachtet und diskutiert werden kann" (Gulowski 2020, S. 102). Dazu bedarf es einer kritischen und differenzierten Sicht auf die Potenziale ziviler Konfliktbearbeitung: in Bezug auf die jeweiligen Konfliktphasen (Gewaltprävention, eskalierte Gewalt, Gewaltnachsorge), die verschiedenen Konfliktebenen (die strukturelle bzw. Makroebene, die institutionelle bzw. Mesoebene sowie die Akteurs- bzw. Mikroebene) sowie das Verhältnis von lokalen und internationalen Akteuren. Auf Letzteres bezieht sich Christine Schweitzer (2020, S. 82 f.), wenn sie konstatiert:

> „Das Verhältnis von lokalen zu internationalen Akteuren muss neu durchdacht werden, gibt es bei Letzteren ein weitverbreitetes Phänomen der Arroganz und Missachtung der lokalen Akteure. Die internationalen Organisationen sehen sich oft als die einzigen oder wichtigsten Akteure an und behandeln lokale Organisationen sowie lokale Aktivistinnen und Aktivisten eher als die Empfängerinnen und Empfänger von *capacity building* denn als Expertinnen und Experten vor Ort."

In diesem Kontext gilt es zu reflektieren, dass auch zivile Konfliktbearbeitung von außen immer eine Form der Intervention darstellt, die das Kräftegleichgewicht vor Ort verschiebt. Vor diesem Hintergrund stellt sich hier – parallel zu militärischen Einsätzen – die Frage, ob und inwieweit internationale Akteure in der zivilen Konfliktbearbeitung „einen konstruktiven Beitrag zu Bearbeitung der fremden Konflikte leisten (können)" (Gulowski und Weller 2017, S. 391).

Rebecca Gulowski (2020, S. 103 ff.) spricht sich in Anlehnung an Gerechtigkeitskonzepte von Jacques Derrida und Axel Honneth für vier ethische Prinzipien ziviler Konfliktbearbeitung aus: Autonomie, Gerechtigkeit, Schadensvermeidung und Fürsorge. Die Anerkennung von Autonomie korrespondiere mit dem Prinzip von *ownership* als „grundlegende Anforderungen an die zivile Konfliktbearbeitung von außen" (Gulowski 2020, S. 104). Gerechtigkeitsprinzipien und damit auch Fragen nach gelingenden Anerkennungsverhältnissen regenerieren sich „aus den Kommunikationsverhältnissen der jeweiligen Gesellschaft"; hier gelte es, „(konflikt-)kontextsensibel immer wieder Rekonstruktionsarbeit zu leisten und zu verstehen" (Gulowski 2020, S. 104). Das Prinzip der Schadensvermeidung gehe in dem *Do-No-Harm*-Ansatz von Mary Anderson auf. Dabei gelte es aber auch, Spannungen zwischen verschiedenen ethischen Prinzipien mit zu berücksichtigen. Hier sieht Gulowski (2020, S. 104) ein deutliches Defizit. So werde die „Konflikthaftigkeit zwischen Schadensvermeidung und Fürsorge […] in der zivilen Konfliktbearbeitung nicht ausreichend intensiv oder standardisiert bearbeitet" (Gulowski 2020, S. 104). Vor dem Hintergrund dieser Überlegungen entwickelt sie drei Verfahren der Wirkungsanalysen ziviler Konfliktbearbeitung:

- „*Partizipation,* wonach Betroffene immer in den Prozess einbezogen werden müssen,
- *Rekonstruktion,* das meint, dass in den Kommunikationsverhältnissen der Betroffenen mit ‚ihren' Themen die Prinzipien für deren Umgang zu generieren sind, und
- *Reflexion,* sprich das dialogische Nachdenken über die Wirksamkeit und Angemessenheit der Kriterien mit Blick auf die Anwendbarkeit und den Nutzen in der Praxis" (Gulowski 2020, S. 106).

Solche Verfahren und Prüfsteine ziviler Konfliktbearbeitung können helfen, einem gerade auch in kirchlichen Kontexten vorfindlichen idealisierten Bild ziviler Konfliktbearbeitung vorzubeugen. In diesem Kontext steht beispielsweise die Kritik von Bernd Oberdorfer an den Kundgebungstext der EKD-Synode 2019 zum gerechten Frieden. So befördere der Synodentext Scheinevidenzen, wenn er einerseits von der enttäuschenden Bilanz militärischer Einsätze zur Beendigung von Menschenrechtsverletzungen spricht, andererseits aber die Grenzen ziviler Formen der Konfliktbearbeitung unerwähnt lässt. Oberdorfer (2021, i.E.) konstatiert:

> „Eine selektive und zum Teil verkürzende Rezeption der Friedensforschung erzeugt in Verbindung mit einer theologisch kurzschlüssigen Ableitung der christlichen Friedensethik aus dem ‚gewaltlosen Friedenshandeln' Jesu einen argumentativen Sog, der die Ablehnung militärischer Mittel des Konfliktaustrags (oder auch nur der Konfliktbegrenzung) als theologisch *und* ‚realpolitisch' zwingend erscheinen lässt. Beides stützt sich dann wechselseitig: Was theologisch als nicht wünschenswert gilt (nämlich Friedenssicherung mit militärischen Mitteln), scheint sich ja offensichtlich auch

‚realpolitisch' nicht bewährt zu haben; und umgekehrt bestätigen anscheinend die ‚realpolitischen' Entwicklungen den friedenstheologischen Befund."

Auch kirchliche Akteure müssen die Aporien ziviler Konfliktbearbeitung „zwischen dem Wunsch nach Eindeutigkeit und Universalität sowie der Umsetzbarkeit und der Berücksichtigung partikularer Interessen und singulärer Kontexte" (Gulowski 2020, S. 89) anerkennen. Auflösen lassen sich die Spannungen zwischen Ideal und Wirklichkeit weder zugunsten der einen noch der anderen Seite. Und auch die Rolle religiöser Akteure in Konflikten und Friedensprozessen ist nicht frei von Ambivalenzen, können sie sowohl Friedensstifter als auch Brandbeschleuniger sein. Hier gilt es, näher zu qualifizieren, wie die friedensstiftenden Kompetenzen von Kirchen und Religionsgemeinschaften für die zivile Konfliktbearbeitung und friedenspolitische Praxis genutzt werden können.

Gerechter Frieden als Orientierungswissen – ein christliches Leitbild für eine plurale Gesellschaft? Ein Ausblick

Inhaltlich bewegt sich das Konzept des gerechten Friedens in dem entfalteten Spannungsfeld zwischen ziviler Konfliktbearbeitung und rechtserhaltender Gewalt. Welche Bedeutung kommt ihm nun aber als Orientierungswissen in inner- und außerkirchlichen Kontexten zu? Die Friedensdenkschrift von 2007 gilt bis heute als zentrale Referenzquelle der EKD in Friedensfragen. Mit dem in ihr entwickelten Leitbild des gerechten Friedens beansprucht die Evangelische Kirche in Deutschland, der Gesellschaft ein Orientierungswissen in Friedensfragen bereitzustellen. So formulierte der damalige Ratsvorsitzender der EKD Wolfgang Huber in der Einleitung zur Friedensdenkschrift:

> „In Denkschriften soll nach Möglichkeit ein auf christlicher Verantwortung beruhender, sorgfältig geprüfter und stellvertretend für die ganze Gesellschaft formulierter Konsens zum Ausdruck kommen" (EKD 2007, S. 8).

Mit diesem Zitat verbinden sich zwei Annahmen beziehungsweise Ansprüche: 1) als Kirche ein Orientierungswissen für die gesamte Gesellschaft anzubieten und 2) als Kirche mit einer Stimme sprechen zu können. Beide Setzungen sind näher zu hinterfragen.

In einer immer komplexer werdenden Welt wird der Ruf nach Orientierung laut. Kirchliche Denkschriften sollen genau das bieten. Ihr erklärtes Ziel ist es, „Vorschläge und Angebote der Kirche für die öffentliche Diskussion" (Huber 1973, S. 606) bereitzustellen, „auf das öffentliche Bewußtsein in bestimmten Fragen Einfluß zu nehmen und so Voraussetzungen dafür zu schaffen, daß die zuständigen Organe handeln können" (Huber 1973, S. 605). Nach dem Philosophen Andreas Luckner bedarf es dazu zweierlei: Reflexivität und Situativität. Ersteres beinhaltet eine vierfache Relation: „Jemand (1) orientiert sich (2) an etwas oder jemandem (3) in Bezug auf etwas (4)" (Luckner 2000, S. 66). Dabei sei

© Der/die Autor(en) 2021
I.-J. Werkner, *Gerechter Frieden*, essentials,
https://doi.org/10.1007/978-3-658-34366-8_6

Orientierung nur situativ möglich. Die ethische Grundfrage „Was soll ich tun?" fokussiere sich im Orientierungswissen auf die Frage „Was ist zu tun in dieser Situation ratsam?" (Luckners 2000, S. 69). Für die Urteilsbildung heißt dies, nicht allein auf eine ethische Normenreflexion zu setzen, sondern stets auch die empirischen Sachverhalte mit zu berücksichtigen und zueinander in Beziehung zu setzen. Mit Verweis auf Bruno Schüller (1980) spricht Thomas Hoppe (2021, i.E.) von „gemischten Normen", „in denen sich ein moralisches Werturteil mit einem empirischen Tatsachenurteil verbindet". Vor diesem Hintergrund können Differenzen entweder auf Dissense moralischer Prinzipien oder aber auf strittige Einschätzungen hinsichtlich der empirischen Situation zurückgehen.

Auch die beiden dominierenden protestantischen sozialethischen Konzepte – die Königsherrschaft Christi und die Zwei-Reiche-Lehre – stehen jeweils auf ihre Weise in der Gefahr, die „gemischten Normen" nach der einen beziehungsweise anderen Seite aufzulösen. Während die Königsherrschaft Christi vor dem Problem steht, die Erkenntnisquellen ihrer Urteile allzu leicht als göttlichen Willen zu interpretieren und sich so den empirischen Tatsachen und dem Diskurs zu verschließen, tendiert die Zwei-Reiche-Lehre dazu, „die Eigengesetzlichkeit der Weltverhältnisse" zu überdehnen und sich den Möglichkeiten „eines begründeten Einspruchs gegen die in diesen Verhältnissen wirkenden Prozesslogiken" zu berauben (Hoppe 2021, i.E.).

Welche der beiden sozialethischen Konzepte in Friedensfragen in Anschlag gebracht wird, ist stets auch eine ekklesiologische Frage nach der Sozialgestalt von Kirche. Und hier scheint sich in jüngster Zeit ein Wandel im Selbstverständnis zu vollziehen. Statt die spezifische Funktion der Kirche im Sinne eines öffentlichen Protestantismus darin zu sehen, „den Boden für Kompromisse zu bereiten und den Sinn für die Suche nach dem Gemeinsamen zu pflegen", scheint der Wunsch zu wachsen, „eine bestimmte Position zu verstärken" (Anselm 2021, i.E.).

Friedensfragen wurden auch in der Vergangenheit im kirchlichen Raum kontrovers debattiert: angefangen von der Wiederbewaffnung Deutschlands über die nukleare Abschreckung bis hin zum NATO-Doppelbeschluss 1979. Trotz dieser Kontroversen galt es jedoch, „unter dem Evangelium zusammen [zu bleiben]" (EKD-Synode 1958, zit. nach Härle 2011, S. 396). Vor diesem Hintergrund entstanden 1959 die Heidelberger Thesen. Die dort enthaltene Komplementaritätsthese, als Kompromissformel entwickelt, sollte die Kontroversen um die beiden einander ausschließenden Möglichkeiten – die Friedenssicherung durch militärische Mittel oder durch vollständigen Verzicht auf Gewalt – einhegen und das Entweder-Oder durch ein Sowohl-als-Auch ersetzen.

Mit der Friedensdenkschrift von 2007 deutete sich bereits ein Wandel an. So ist mit der Absage an die Heidelberger Thesen auch der fast 50 Jahre während friedensethische Kompromiss in Fragen nuklearer Abschreckung zugunsten eines Nuklearpazifismus aufgegeben worden (vgl. Werkner 2019). Einen weiteren Schritt in diese Richtung vollzog die EKD-Synode zum Frieden 2019. In ihrem Kundgebungstext konstatiert sie: „Das Leitbild des Gerechten Friedens setzt die Gewaltfreiheit an die erste Stelle" (EKD 2019, S. 3). Was dieses Statement für das staatliche Gewaltmonopol und für christliche Soldatinnen und Soldaten der Bundeswehr bedeutet, bleibt unerwähnt; eine Verhältnisbestimmung wird nicht vorgenommen. Bernd Oberdorfer sieht darin ein Abrücken von der in der lutherischen Sozialethik gewichtigen Zwei-Reiche-Lehre hin zu einer „Ethik der auf Gewaltfreiheit fokussierten Jesusnachfolge" (Oberdorfer 2021, i.E.) und einen Wandel „vom Deliberativen zum Prophetischen" (Oberdorfer 2021, i.E.).

Und auch die „Zwölf Leitsätze zur Zukunft einer aufgeschlossenen Kirche", beschlossen auf der EKD-Synode 2020, setzen auf einen Reformprozess, der Veränderungen im kirchlichen Selbstverständnis erkennen lässt. So will sich die evangelische Kirche nicht mehr einer „staatsanalogen Behörde" ähneln, sondern sich zu einem „innovationsorientierten Unternehmen" beziehungsweise einer „handlungsstarken zivilgesellschaftlichen Organisation" entwickeln (EKD 2020, S. 24). Zu gesellschaftlichen Prozessen wird sie öffentlich dort Stellung beziehen, wo dies – so die Einschränkung – „vom Evangelium her geboten ist und sich in unserem kirchlichen Leben und Handeln praktisch und erkennbar niederschlägt" (EKD 2020, S. 11). Dabei will sich die EKD künftig „um ein klares geistliches Profil in einer unübersichtlichen Welt" bemühen: „Die Kirche wird umso glaubwürdiger, je mehr ihr Reden rückgebunden bleibt an ihr eigenes zeichenhaftes und richtungsweisendes Handeln" (EKD 2020, S. 11). Ekklesiologisch können die „Zwölf Leitsätze" im Sinne einer Abkehr von volkskirchlichen Strukturen gelesen werden. Hier zeichnet sich eine Entwicklung ab, „Kirche nicht mehr als integrierendes, auf die Gesamtgesellschaft ausgerichtete Institution [zu verstehen]" (Anselm 2021, i.E.), sondern als eine soziale Bewegung oder NGO, die, von einer Mission getragen auf die Durchsetzung einer bestimmten Botschaft zielt. Die „Anwaltschaft für eine bestimmte Perspektive erlaubt es, eigene Positionen eindeutig und scharf zu formulieren und diese auch selbstbewusst in den politischen Diskurs einzuspielen" (Anselm 2021, i.E.).

Noch ist offen, welche Entwicklung die Evangelische Kirche in Deutschland in den nächsten Jahren und Jahrzehnten nehmen wird. Der eben skizzierte und in Ansätzen auch schon eingeschlagene Weg hätte weitreichende Konsequenzen.

Zwar könnten friedensethische und -politische Fragen in aller Klarheit und Eindeutigkeit in der Öffentlichkeit vertreten und in die Politik eingebracht werden,
die Pluralität innerhalb der Kirche ginge damit aber verloren:

> „Pluralismusfähig ist diese Organisationsform nur in der Weise, dass sie sich selbst
> dezidiert als eine spezifische Stimme im pluralen Konzert gesellschaftlicher Meinungs-
> bildung versteht, nicht aber in dem Sinn, dass sie auch nach innen hin unterschiedliche
> Perspektiven abbilden wollte" (Anselm 2021, i.E.).

Bei einer solchen Organisationsform wären zentrale staatskirchenrechtliche Privilegien kaum mehr zu rechtfertigen mit der Folge, dass es der Kirche weitaus
schwerer fallen dürfte, sich in der Öffentlichkeit und im Konzert anderer zivilgesellschaftlichen Kräfte Gehör zu verschaffen. Dagegen könnte der Mehrwert einer
Kirche als Volkskirche gerade darin liegen, in ihren friedensethischen Debatten
„eine Abwägungskultur zu profilieren, die die gängigen dualistischen Streitmuster
durchbricht, dabei aber nicht in eine normativ orientierungslose, vage Einerseits-
Andererseits-Rhetorik abgleitet" (Ebeling 2021, i.E.). Dabei müsste noch sehr viel
stärker der Prozesscharakter des Friedens und mit ihm die zeitliche Dimension in
den Fokus der Analysen rücken.

Was Sie aus diesem *essential* mitnehmen können

- Das Konzept des gerechten Friedens grenzt sich in zweifacher Weise ab: zum einen vom gerechten Krieg, zum anderen von einem ungerechten Frieden.
- Der Ansatz „Frieden durch Recht" ist nicht konfliktfrei; die Symbiose beider Termini ist nicht so eindeutig wie es sich zunächst vermuten lässt. Einerseits gibt es ohne Recht keinen Frieden. Andererseits muss Recht aber auch durchgesetzt werden, womit Gewalt eine Konstante des Rechts darstellt.
- Der Ansatz der rechtserhaltenden Gewalt zur Durchsetzung des Rechts bedarf einer Erweiterung. Neben Fragen legitimer und legaler militärischer Einsätze ist eine friedensethische Reflexion von Formen politischer Einflussnahme jenseits militärischer Gewalt nötig. Das beinhaltet Formen des politischen Zwangs wie beispielsweise die Sanktionspolitik.
- Auch die zivile Konfliktbearbeitung bedarf der stärkeren theoretischen Fundierung. Eine verengte Perspektive des Terminus als Gegenbegriff zu militärischen Interventionen birgt ernstzunehmende konzeptinhärente Probleme. Zudem unterliegt zivile Konfliktbearbeitung der Aporie zwischen dem Wunsch und Ideal nach Eindeutigkeit und Universalität und der politischen Wirklichkeit mit ihren divergierenden Interessen und Kontexten.
- Mit dem gerechten Frieden als christliches Leitbild verbindet sich die Chance der Kirchen, der Politik und Gesellschaft ein Orientierungswissen anzubieten. Das setzt im liberalen Sinne auf die Etablierung einer Abwägungskultur und die Fähigkeit, Kompromisse zu schließen.

© Der/die Herausgeber bzw. der/die Autor(en) 2021
I.-J. Werkner, *Gerechter Frieden,* essentials,
https://doi.org/10.1007/978-3-658-34366-8

Literatur

Anselm, Reiner. 2018. Kategorien ethischen Urteilens im Konzept des gerechten Friedens. In *Gerechter Frieden als Orientierungswissen*, 2. Aufl., Hrsg. Ines-Jacqueline Werkner und Christina Schües, 49–65. Wiesbaden: Springer VS.

Anselm, Reiner. 2021. Zwischen Erwählung und elektoralem Vorteil. Zum Wandel der Legitimationsformen für die Rolle der Kirche in der Öffentlichkeit. In *Pluralität und Pluralismus in der evangelischen Friedensethik*, Hrsg. Hendrik Stoppel und Christian Polke. Wiesbaden: Springer VS (i.E.).

Batthyány, Philipp. 2007. *Zwang als Grundübel in der Gesellschaft? Der Begriff des Zwangs bei Friedrich August von Hayek*. Tübingen: Siebeck.

Benjamin, Walter. 1965. *Zur Kritik der Gewalt und andere Aufsätze*. Frankfurt a. M.: Suhrkamp (Erstveröffentlichung 1921).

Betscher, Silke. 2019. Postkoloniale Perspektiven auf die „Anerkennung kultureller Vielfalt und Identität" als Dimension des gerechten Friedens. In *Kulturelle Vielfalt als Dimension des gerechten Friedens*, Hrsg. Sarah Jäger und André Munzinger, 85–110. Wiesbaden: Springer VS.

Brock, Lothar. 2017. Frieden in Gerechtigkeit: zwischen realpolitischer Perspektive und Utopie. In *Handbuch Friedensethik*, Hrsg. Ines-Jacqueline Werkner und Klaus Ebeling, 729–739. Wiesbaden: Springer VS.

Brock, Lothar. 2019. Rechtserhaltende Gewalt im Kontext einer komplexen Friedensagenda. In *Rechtserhaltende Gewalt – Eine ethische Verortung*, Hrsg. Ines-Jacqueline Werkner und Torsten Meireis, 117–148. Wiesbaden: Springer VS.

Brock, Lothar. 2020. Frieden durch Recht. Recht durch Krieg? In *Frieden durch Recht – Anfragen an das liberale Modell*, Hrsg. Sarah Jäger und Lothar Brock, 147–167. Wiesbaden: Springer VS.

Brock, Lothar, und Hendrik Simon. 2018. Die Selbstbehauptung und Selbstgefährdung des Friedens als Herrschaft des Rechts. *Politische Vierteljahresschrift* 59 (2): 269–291.

Brücher, Gertrud. 2020. Normkollisionen. Menschenrecht und Völkerrecht – Eine Leges-Hierarchie? In *Frieden durch Recht – Anfragen an das liberale Modell*, Hrsg. Sarah Jäger und Lothar Brock, 91–120. Wiesbaden: Springer VS.

Daase, Christopher. 2013. Impuls zum Thema „Der gerechte Frieden als Ethik der Internationalen Beziehungen. In *Menschen geschützt – Gerechten Frieden verloren? Kontroversen um die internationale Schutzverantwortung in der christlichen Friedensethik*, Hrsg. Ines-Jacqueline Werkner und Dirk Rademacher, 170–175. Münster: LIT.

© Der/die Herausgeber bzw. der/die Autor(en) 2021
I.-J. Werkner, *Gerechter Frieden*, essentials,
https://doi.org/10.1007/978-3-658-34366-8

Daase, Christopher. 2016. Über den Zusammenhang von Friedensethik und Friedens- und Konfliktforschung – Warum friedensethische Grundlagenforschung unverzichtbar ist. https://www.fest-heidelberg.de/images/FestPDF/Erffnungsveranstaltung%20-%20Vortrag%20Daase.pdf. Zugegriffen: 18. März 2021.

Daase, Christopher. 2019. Vom gerechten Krieg zum legitimen Zwang. Rechtsethische Überlegungen zu den Bedingungen politischer Ordnung im 21. Jahrhundert. In *Rechtserhaltende Gewalt – Zur Kriteriologie*, Hrsg. Ines-Jacqueline Werkner und Peter Rudolf, 13–31. Wiesbaden: Springer VS.

Duchrow, Ulrich. 2019. Der Öffentlichkeitsauftrag der Kirche für gerechten Frieden im Kontext des imperialen Kapitalismus. In *Gerechter Frieden als ekklesiologische Herausforderung*, Hrsg. Sarah Jäger und Fernando Enns, 39–76. Wiesbaden: Springer VS.

Ebeling, Klaus. 2021. Die Adressaten sozialethischer Stellungnahmen. Eine katholische Perspektive. In *Pluralität und Pluralismus in der evangelischen Friedensethik*, Hrsg. Hendrik Stoppel und Christian Polke. Wiesbaden: Springer VS (i.E.).

Ellis, Elizabeth. 2020. The ethics of economic sanctions: Why just war theory is not the answer. https://doi.org/10.1007/s11158-020-09483-z. Zugegriffen: 18. März 2021.

Evangelische Kirche in Deutschland (EKD). 1994. Schritte auf dem Weg des Friedens. https://www.edk.de/22853.htm. Zugegriffen: 13. März 2021.

Evangelische Kirche in Deutschland (EKD). 2007. *Aus Gottes Frieden leben – Für gerechten Frieden sorge. Eine Denkschrift des Rates der Evangelischen Kirche in Deutschland.* Gütersloh: Gütersloher Verlagshaus.

Evangelische Kirche in Deutschland (EKD) (Hrsg.). 2013. *„Selig sind die Friedfertigen". Der Einsatz in Afghanistan: Aufgaben evangelischer Friedensethik. Eine Stellungnahme der Kammer für Öffentliche Verantwortung der EKD.* Hannover: Kirchenamt der EKD.

Evangelische Kirche in Deutschland (EKD). 2019. *Kundgebung der 12. Synode der Evangelischen Kirche in Deutschland auf ihrer 6. Tagung „Kirche auf dem Weg der Gerechtigkeit und des Friedens".* Dresden: EKD.

Evangelische Kirche in Deutschland (EKD). 2020. *„Hinaus ins Weite – Kirche auf gutem Grund". Zwölf Leitsätze zur Zukunft einer aufgeschlossenen Kirche. Beschluss der 12. Synode der Evangelischen Kirche in Deutschland auf ihrer 7. Tagung.* Hannover: EKD.

Franziskus, I. 2013. *Evangelii Gaudium.* Rom: Vatikan.

Gulowski, Rebecca. 2020. Aporien ziviler Konfliktbearbeitung. Über Wirkungsanalysen, Indikatoren und Verfahren als friedensethische Prüfsteine und die Frage nach Gerechtigkeit. In *Friedensethische Prüfsteine ziviler Konfliktbearbeitung*, Hrsg. Ines-Jacqueline Werkner und Heinz-Günther. Stobbe, 85–108. Wiesbaden: Springer VS.

Gulowski, Rebecca, und Christoph Weller. 2017. Zivile Konfliktbearbeitung. Kritik, Konzept und theoretische Fundierung. *Peripherie* 37 (148): 386–411.

Härle, Wilfried. 2011. *Ethik.* Berlin: de Gruyter.

Heinemann-Grüder, Andreas, und Isabella Bauer. 2013. Was will zivile Konfliktbearbeitung? In *Zivile Konfliktbearbeitung. Vom Anspruch zur Wirklichkeit*, Hrsg. Andreas Heinemann-Grüder und Isabella Bauer, 17–21. Opladen: Barbara.

Hoppe, Thomas. 2021. Pluralismus in der Friedensethik – Legitimität und Grenzen. Eine Positionierung aus katholischer Perspektive. In *Pluralität und Pluralismus in der evangelischen Friedensethik*, Hrsg. Hendrik Stoppel und Christian Polke. Wiesbaden: Springer VS (i.E.).

Hoppe, Thomas, und Ines-Jacqueline Werkner. 2017. Der gerechte Frieden: Positionen in der katholischen und evangelischen Kirche in Deutschland. In *Handbuch Friedensethik*, Hrsg. Ines-Jacqueline Werkner und Klaus Ebeling, 343–359. Wiesbaden: Springer VS.

Huber, Wolfgang. 1973. *Kirche und Öffentlichkeit*. Stuttgart: Klett.

Huber, Wolfgang. 2012. Legitimes Recht und legitime Rechtsgewalt in theologischer Perspektive. In *Gewalt und Gewalten*, Hrsg. Torsten Meireis, 225–242. Tübingen: Siebeck.

Imbusch, Peter. 2002. Der Gewaltbegriff. In *Internationales Handbuch der Gewaltforschung*, Hrsg. Wilhelm Heitmeyer und John Hagan, 26–57. Wiesbaden: VS Verlag für Sozialwissenschaften.

Jaberg, Sabine. 2013. Responsibility to Protect. Baustein der Weltinnenpolitik oder Humanitäre Intervention in neuem Gewand? In *Die Humanitäre Intervention in der ethischen Beurteilung*, Hrsg. Hubertus Busche und Daniel Schubbe, 239–265. Tübingen: Siebeck.

Luckner, Andreas. 2000. Orientierungswissen und Technikethik. *Dialektik* 2: 57–78.

Meireis, Torsten. 2012. Einleitung. In *Gewalt und Gewalten*, Hrsg. Torsten Meireis, 1–7. Tübingen: Mohr Siebeck.

Meireis, Torsten. 2012. Die Realität der Gewalt und die Hoffnung auf Frieden. Perspektiven des christlichen Umgangs mit Gewalt. In *Gewalt und Gewalten*, Hrsg. Torsten Meireis, 177–201. Tübingen: Mohr Siebeck.

Menke, Christoph. 2012. *Recht und Gewalt*, Bd. 2. Berlin: August.

Müller, Harald. 2013. Justice and peace. Good things do not always go together. In *Justice and peace. Interdisciplinary perspectives on a contested relationship*, Hrsg. Gunther Hellmann, 43–68. Frankfurt a. M.: Campus.

Munzinger, André. 2019. Kulturelle Vielfalt und gerechter Frieden – Eine Zusammenschau. In *Kulturelle Vielfalt als Dimension des gerechten Friedens*, Hrsg. Sarah Jäger und André Munzinger, 129–138. Wiesbaden: Springer VS.

Nachtwei, Winfried. 2020. Zivile Konfliktbearbeitung im Kontext vernetzter Sicherheit. In *Friedensethische Prüfsteine ziviler Konfliktbearbeitung*, Hrsg. Ines-Jacqueline Werkner und Heinz-Günther. Stobbe, 109–129. Wiesbaden: Springer VS.

Neidhardt, Friedhelm. 1986. Gewalt – Soziale Bedeutungen und sozialwissenschaftliche Bestimmungen eines Begriffs. In *Was ist Gewalt? Auseinandersetzungen mit einem Begriff. Bd. 1*, Hrsg. Bundeskriminalamt, 109–147. Wiesbaden: Bundeskriminalamt.

Oberdorfer, Bernd. 2019. Gerechtigkeit für eine Theorie. Zur Funktion der Lehre vom gerechten Krieg im Rahmen des gerechten Friedens. In *Rechtserhaltende Gewalt – Eine ethische Verortung*, Hrsg. Ines-Jacqueline Werkner und Torsten Meireis, 9–19. Wiesbaden: Springer VS.

Oberdorfer, Bernd. 2021. Gewaltfreiheit in der Nachfolge Jesu. Die friedensethische (Neu-?)Positionierung der EKD und ihre Auswirkung auf die professionsethische Selbstreflexion evangelischer Soldatinnen und Soldaten. In *Gewaltfreiheit zwischen Anspruch und Realität*, Hrsg. Hendrik Stoppel und Angelika Dörfler-Dierken. Wiesbaden: Springer VS (i.E.).

Oeter, Stefan. 2020. Chancen und Hindernisse der Herausbildung eines genuinen Friedensrechts neuer Qualität. In *Frieden durch Recht – Anfragen an das liberale Modell*, Hrsg. Sarah Jäger und Lothar Brock, 121–146. Wiesbaden: Springer VS.

Oeter, Stefan. 2021. Die Institution Bundeswehr und die kirchliche Forderung nach Gewaltfreiheit. Input aus rechtlicher Perspektive. In *Gewaltfreiheit zwischen Anspruch und*

Realität, Hrsg. Hendrik Stoppel und Angelika Dörfler-Dierken. Wiesbaden: Springer VS (i.E.).

Ökumenischer Rat der Kirchen (ÖRK). 2011a. *Ein ökumenischer Aufruf zum gerechten Frieden.* Kingston: ÖRK.

Ökumenischer Rat der Kirchen (ÖRK). 2011b. *Botschaft der Internationalen ökumenischen Friedenskonvokation.* Kingston: ÖRK.

Ökumenischer Rat der Kirchen (ÖRK). 2013a. *Erklärung über den Weg des gerechten Friedens.* Busan: ÖRK.

Ökumenischer Rat der Kirchen (ÖRK). 2013b. Gemeinsam für das Leben: Mission und Evangelisation in sich wandelnden Kontexten. Entwurf für eine neue Erklärung des ÖRK zu Mission und Evangelisation, vorgelegt von der Kommission für Weltmission und Evangelisation (CWME). https://missionrespekt.de/fix/files/missionserklaerung-de-wcc. pdf. Zugegriffen: 13. Nov. 2020.

Ökumenische Versammlung für Gerechtigkeit, Frieden und Bewahrung der Schöpfung. 1989.   https://www.ekmd.de/attachment/aa234c91bdabf36adbf227d333e5305b/1e01a4 aaf49f4e41a4a11e0bcbc61b47dbfc6d3c6d3/Texte_Oekumenische_Versammlung_1989. pdf. Zugegriffen: 19. Nov. 2020.

Picht, Georg. 1971. Was heißt Frieden? In *Was heißt Friedensforschung?*, Hrsg. Georg Picht und Wolfgang Huber, 1–33. Stuttgart: Klett.

Quack, Martin. 2020. Zivile Konfliktbearbeitung und Konfliktphasen. In *Friedensethische Prüfsteine ziviler Konfliktbearbeitung*, Hrsg. Ines-Jacqueline Werkner und Heinz-Günther. Stobbe, 49–66. Wiesbaden: Springer VS.

Schüller, Bruno. 1980. *Die Begründung sittlicher Urteile. Typen ethischer Argumentation in der Moraltheologie.* Düsseldorf: Patmos.

Schweitzer, Christine. 2020. Möglichkeiten und Grenzen lokaler Akteure in der Konfliktbearbeitung. In *Friedensethische Prüfsteine ziviler Konfliktbearbeitung*, Hrsg. Ines-Jacqueline Werkner und Heinz-Günther. Stobbe, 67–84. Wiesbaden: Springer VS.

Segbers, Franz, und Simon Wiesgickl, Hrsg. 2015. *„Diese Wirtschaft tötet" (Papst Franziskus) – Kirchen gemeinsam gegen Kapitalismus.* Hamburg: VSA.

Senghaas, Dieter. 1995. Frieden als Zivilisierungsprojekt. In *Frieden denken*, Hrsg. Dieter Senghaas, 196–223. Frankfurt a. M.: Suhrkamp.

Senghaas, Dieter, und Eva Senghaas-Knobloch. 2017. Dimensionen des Friedens. In *Ines-Jacqueline Werkner und Klaus Ebeling*, Hrsg. Handbuch Friedensethik, 33–41. Wiesbaden: Springer VS.

Simons, Geoff. 1999. *Imposing economic sanctions. Legal remedy or genocidal tool?* London: Pluto.

Vereinte Nationen und Weltbank. 2018. *Pathways for peace: Inclusive approaches to preventing violent conflict.* Washington, DC: Weltbank.

Weller, Christoph. 2007a. Zivile Konfliktbearbeitung: Begriffe und Konzeptentwicklung. In *Zivile Konfliktbearbeitung. Aktuelle Forschungsergebnisse*, Hrsg. Christoph Weller, 9–18. Duisburg-Essen: INEF.

Weller, Christoph. 2007b. Themen, Fragestellungen und Perspektiven der Forschung zu Ziviler Konfliktbearbeitung. In *Zivile Konfliktbearbeitung. Aktuelle Forschungsergebnisse*, Hrsg. Christoph Weller, 69–74. Duisburg-Essen: INEF.

Weller, Christoph, und Andrea Kirschner. 2005. Zivile Konfliktbearbeitung – Allheilmittel oder Leerformel? Möglichkeiten und Grenzen eines vielversprechenden Konzepts. *Internationale Politik Und Gesellschaft* 4: 10–26.

Werkner, Ines-Jacqueline. 2018. *Gerechter Frieden Das fortwährende Dilemma militärischer Gewalt*. Bielefeld: transcript.

Werkner, Ines-Jacqueline. 2019. Zur Aktualität der Heidelberger Thesen in der Nuklearfrage – Ein Kontrapunkt. In *Nukleare Abschreckung in friedensethischer Perspektive*, Hrsg. Ines-Jacqueline Werkner und Thomas Hoppe, 47–61. Wiesbaden: Springer VS.

Werthes, Sascha. 2019. Politische Sanktionen im Lichte rechtserhaltender Gewalt. In *Rechtserhaltende Gewalt – Zur Kriteriologie*, Hrsg. Ines-Jacqueline Werkner und Peter Rudolf, 121–150. Wiesbaden: Springer VS.

Wieland, Christoph Martin. 1814. *Marcus Tullius Cicero's Sämmtliche Briefe* (Bd. 4). Stuttgart: A. F. Macklot.

Printed by Printforce, the Netherlands